BARRON'S

La gatita Lucía en la granja

Lucy the Cat at the farm

Catherine Bruzzone • Ilustraciones de Clare Beaton
Texto español de Rosa María Martín

Catherine Bruzzone • Illustrated by Clare Beaton
Spanish text by Rosa María Martín

Ésta es la mamá de Lucía.

Lucía aún está dormida.

Es tarde.

This is Lucy's Mom.

Lucy is still asleep.

It's late.

La mamá le trae leche a Lucía.   Lucía se despierta.

Mom brings Lucy her milk.   Lucy wakes up.

Lucía mira fuera.

Lucy looks outside.

La mamá le da el sombrero a Lucía.

Lucía se pone el sombrero.

Sale.

Mom gives Lucy the hat.

Lucy puts on the hat.

She goes out.

Lucía camina a la granja.

Está cansada.

Lucy walks to the farm.

She's tired.

Ésta es Mimi, la tía de Lucía.

This is Lucy's Aunt Mimi.

Entran al establo.

They go into the barn.

La gallina está en el establo.

The hen is in the barn.

El perro está en el patio.

The dog is in the yard.

Las ovejas están en la colina.

The sheep are on the hill.

El pato está en la charca.

The duck is in the pond.

Las vacas están en el campo.

The cows are in the field.

El toro está enojado.

The bull is angry.

La barrera está abierta.

The gate is open.

El toro corre muy rápido.

The bull runs very fast.

La gallina se va corriendo.

El perro se va corriendo.

El pato se va corriendo.

The hen runs away.

The dog runs away.

The duck runs away.

58 El toro se para.

59 Los animales están a salvo.

58 The bull stops.

59 The animals are safe.

Lucía come la nata.

Lucy eats the cream.

Palabras clave • Key words

la gatita lah *gah*tee-tah cat	**hace sol** ahsseh sol it's sunny	**mamá** mam-*ah* mother, mom	**hoy** oee today	**el sombrero** ehl sombrair-oh hat	**adiós** ahdee-*oss* good-bye
la granja lah *grahn*-hah farm	**la tía** lah *tee*-ah aunt	**estoy cansado, estoy cansada** ehs-*toy* kahn*sah*-doh/dah I'm tired	**¡hola!** oh-lah hello	**aquí está** ah-*kee* ehs-*tah* here is	**allí está** ah-yee ehs-*tah* there is
la gallina lah *ga*lee-nah hen	**el huevo** ehl *waiv*-oh egg	**el perro** ehl *pair*-oh dog	**el hueso** ehl *way*-soh bone	**la oveja** lah *o*vay-hah sheep	**el pasto** ehl *pahs*-toh grass
el pato ehl *paht*-oh duck	**el agua** ehl *ahg*-wah water	**la vaca** lah *bahk*-ah cow	**el árbol** ehl *ahr*-bol tree	**¿qué es eso?** keh ehss ehs-soh what's that?	**el toro** ehl *tor*-oh bull
la barrera lah bah-*rair*-ah gate	**no** noh no	**¡corre, corre!** *kohr*-reh run quickly!	**¡para!** *pah*-rah stop!	**gracias** *grahs*-see-ahss thanks, thank you	**la nata** lah *nah*-tah cream